Vorwort

In diesem Buch möchte ich Ihnen einen Einstieg in den System Center Virtual Machine Manager vNext und dessen Zusammenarbeit mit Windows 10 Server und SQL Server 2014 geben. Viele Leser werden mich bereits durch meine zahlreichen Fachbücher bei Microsoft Press, Markt und Technik, Addison Wesley und anderen Verlagen kennen. In den Büchern die ich für diese Verlage geschrieben habe, beschäftige ich mich umfassend mit Microsoft-Server-Produkten wie den aktuellen Windows-Server, SQL, Exchange oder SharePoint.

Mit meinen ebooks möchte ich meinen Lesern keine umfassenden Kompendien an die Hand geben, sondern kleine, schnell umsetzbare Anleitungen und Hilfen. In diesem Buch lernen Sie zum Beispiel, wie Sie SCVMM vNext installieren und einrichten können. Ich zeige Ihnen erste Schritte in der Verwaltung, einige Neuerungen und wie Sie Hyper-V in Windows 10 Server mit SCVMM vNext anbinden können.

Außerdem gehe ich auf die Zusammenarbeit von SCVMM 2012 R2, Hyper-V in Windows 10 Server sowie SQL Server 2014 und Windows Azure ein. Auf meinem Blog finden Sie zahlreiche Links zu weiteren Artikeln und Videotrainings. Viele stehen kostenlos zur Verfügung, andere kosten etwas Geld. Alle haben aber eines gemeinsam: Sie lohnen sich und wurden von einem Praktiker für Praktiker erstellt:

http://thomasjoos.wordpress.com

Ich wünsche viel Spass bei der Arbeit mit System Center Virtual Machine Manager vNext und Windows 10 Server.

Ihr Thomas Joos

Bad Wimpfen, im Oktober 2014

System Center Virtual Machine Manager next Generation - Die Neuerungen

Microsoft stellt, neben den Technical Previews für Windows 10 Server und Windows 10, auch die Technical Preview von System Center vNext zur Verfügung. Wer Zugriff auf ein MSDN-Abo hat, kann sich die neue Version direkt bei seinen Downloads herunterladen (http://msdn.microsoft.com/en-us/subscriptions/downloads), Microsoft stellt aber auch virtuelle Festplatten mit SCVMM vNext zur Verfügung (http://www.microsoft.com/en-us/download/details.aspx?id=44306&WT.mc_id=rss_alldownloads_all).

Im Evaluierungscenter steht die Version ebenfalls bereit (http://technet.microsoft.com/en-gb/evalcenter/dn781241).

In den nächsten Abschnitten zeigen wir Ihnen die Neuerungen von SCVMM vNext. Zunächst müssen Sie beachten, dass Sie die neue SCVMM-Version nur auf Servern mit Windows 10 Server installieren können. Als Datenbank-Server benötigen Sie SQL Server 2014. Sie können nach der Installation aber auch Hyper-V-Server mit Windows Server 2012 R2 anbinden. Allerdings lassen sich diese dann nur eingeschränkt verwalten, Sie können zum Beispiel keine Bare-Metal-Deployments durchführen. Die neue Version ist auch bereits vollständig Clusterkompatibel. Sie können also problemlos einen Cluster mit Windows 10 Server und SCVMM vNext installieren.

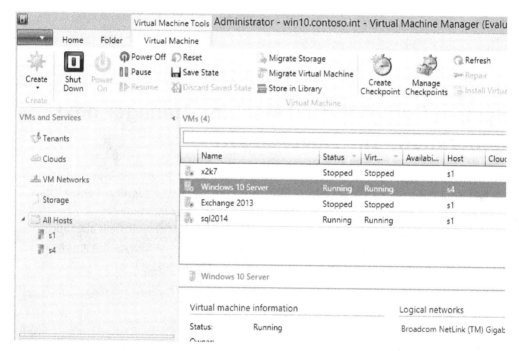

Abbildung 1.1: Mit der neuen SCVMM-Version verwalten Sie Hyper-V in Windows 10 Server und Windows Server 2012 R2

Damit Sie System Center vNext optimal einsetzen können, müssen Sie also zunächst Server mit Windows 10 Server betreiben und Datenbanken mit SQL Server 2014. Das alles kann auch virtualisiert erfolgen, das gilt natürlich auch für den SCVMM-Server selbst. Die Verwaltungskonsole für VMM vNext müssen Sie entweder auf einem Server mit Windows 10 Server (Windows Server Technical Preview) oder auf einer Arbeitsstation mit Windows 10 installieren.

Den Bibliotheksserver für SCVMM vNext können Sie auf dem gleichen Server wie den Verwaltungs-Server installieren oder auf einer eigenständigen Maschine. Aber auch hier wird Windows 10 Server benötigt.

Für den Betrieb benötigen Sie, wie bei SCVMM 2012 R2 auch, das Windows Assessment and Deployment Kit (ADK) for Windows 8.1 (http://www.microsoft.com/de-DE/download/details.aspx?id=39982). Wir kommen darauf noch zurück. Es ist zu erwarten, dass in der RTM-Version des neuen SCVMM das ADK für Windows 10 benötigt wird, dieses steht aktuell aber noch nicht zur Verfügung, zumindest nicht so, dass es mit SCVMM vNext funktioniert.

Auf dem Server benötigen Sie außerdem noch verschiedene Erweiterungen aus dem Microsoft SQL Server 2014 Feature Pack (http://www.microsoft.com/de-DE/download/details.aspx?id=42295). Wir kommen später noch darauf zurück.

SCVMM vNext kann die Updates für Hyper-V-Hosts zentral für alle angebundenen Hyper-V-Hosts verwalten. Dazu müssen Sie im Netzwerk aber einen WSUS-Server bereitstellen. Dieser unterstützt derzeit allerdings nur Windows Server 2012 R2. Wie Sie WSUS betreiben, lesen Sie in verschiedenen Artikeln auf meinem Blog (http://thomasjoos.wordpress.com). Einer dieser Artikel finden Sie über die Adresse:

http://www.tecchannel.de/server/windows/2052232/wsus_mit_dem_windows_server_update_services_systeme_aktuell_halten/index.html

Die Anbindung von WSUS ist auch daher wichtig, weil ab Windows 10 Server die Integrationsdienste in den virtuellen Servern über WSUS aktualisiert werden, nicht mehr direkt installiert.

Sie können in der Technical Preview von VMM vNext logische Switches erstellen und mit allen Einstellungen zu Servern mit Windows 10 Server zuweisen. Auch Profile und Klassifizierungen können Sie verwenden. Allerdings haben in der Vorabversion nur die Bandbreiteneinstellungen eine Funktion.

Wenn Sie in VMM vNext einen Dateiserver erstellen, können Sie auf Basis von Windows 10 Server auch Freigaben und Speicherpools auf Basis physischer Festplatten erstellen.

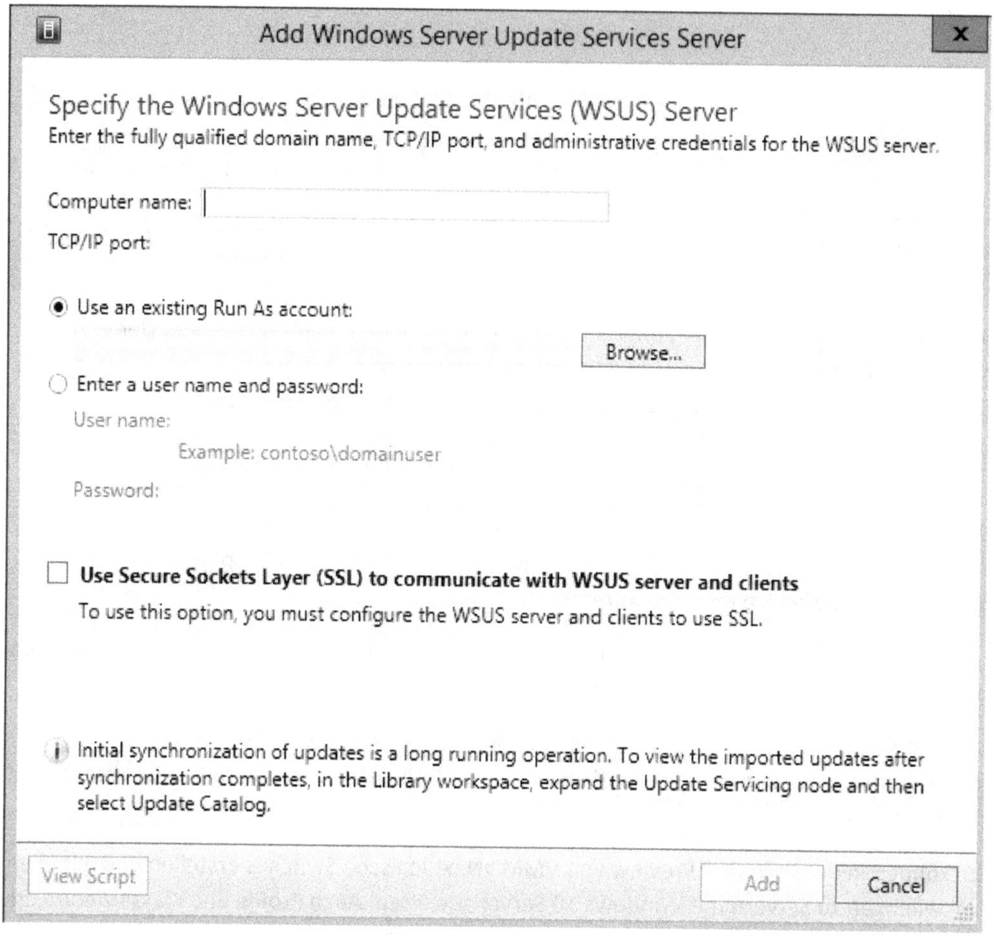

Add Windows Server Update Services Server ☒

Specify the Windows Server Update Services (WSUS) Server

Enter the fully qualified domain name, TCP/IP port, and administrative credentials for the WSUS server.

Computer name: |

TCP/IP port:

◉ Use an existing Run As account:

Browse...

○ Enter a user name and password:

User name:

Example: contoso\domainuser

Password:

☐ **Use Secure Sockets Layer (SSL) to communicate with WSUS server and clients**

To use this option, you must configure the WSUS server and clients to use SSL.

ⓘ Initial synchronization of updates is a long running operation. To view the imported updates after synchronization completes, in the Library workspace, expand the Update Servicing node and then select Update Catalog.

View Script   Add   Cancel

Abbildung 1.2: SCVMM vNext kann auch WSUS anbinden um Hyper-V-Hosts und virtuelle Server zu aktualisieren

Sobald Sie den Server angebunden haben, wird dieser im Bereich
Fabric\Infrastructure\Update Server angezeigt. Von diesem Server lassen sich jetzt die VMs der an SCVMM angebundenen Hosts synchronisieren. Über das Kontextmenü rufen Sie die Einstellungen auf und die Art der Aktualisierungen, die zu den Servern übertragen werden sollen.

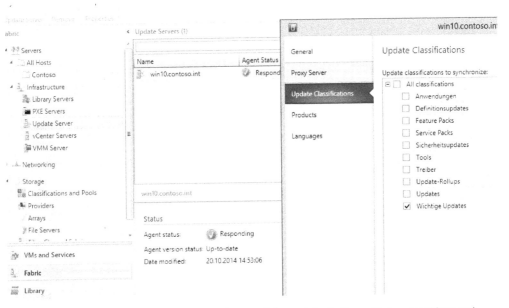

Abbildung 1.3: WSUS können Sie über SCVMM an die Virtualisierungsinfrastruktur anbinden um Updates und Integration Services zu installieren

In SCVMM können Sie vor allem Server mit Windows Server Technical Preview aka Windows 10 Server installieren und verwalten, sowie Arbeitsstationen mit Windows 10 Technical Preview. Sie können in Clustern auf Basis von Windows 10 Server auch Live- und Schnell-Migrationen durchführen. Sie können aber auch bereits in der Technical Preview Linux-Server verwalten, zum Beispiel:

- CentOS 5 und 6

- Red Hat Enterprise Linux 5, 6, 7

- Debian 7

- Oracle 5, 6, 7

- SUSE Linux Enterprise Server 11

- Ubuntu 12 und 14

Eine weitere Neuerung in VMM vNext besteht darin, dass die virtuellen Netzwerkadapter besser konfiguriert werden können. Sie können jetzt zum Beispiel mehrere virtuelle Netzwerkadapter bereits bei der Bereitstellung von virtuellen Servern zur Verfügung stellen. Sie können jetzt auch in den Vorlagen für virtuelle Server den Netzwerkadapter benennen. Das funktioniert ähnlich zu Consistent Device Naming (CDN) in physischen Netzwerkadaptern.

Dazu muss aber der virtuelle Server als Generation 2-VM erstellt und mit Windows 10 Server installiert werden.

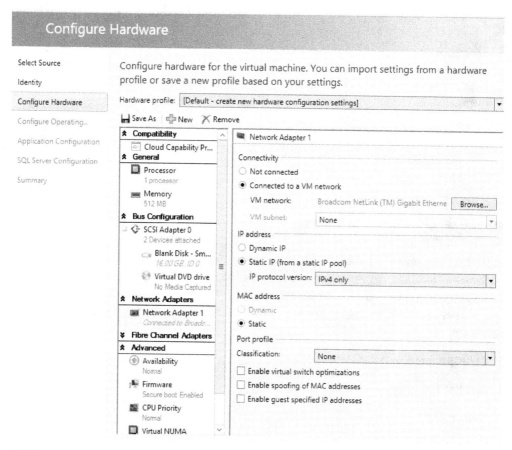

Abbildung 1.3: CDN in SCVMM vNext

Bei Vorlagen ist die neue Version des Windows-Servers bereits integriert. VMs können außerdem in System Center vNext eine Verbindung mit logischen Netzwerken über das VM-Netzwerk aufbauen. Die entsprechenden Informationen dazu erhalten Sie in den Einstellungen für logische Netzwerke in SCVMM vNext.

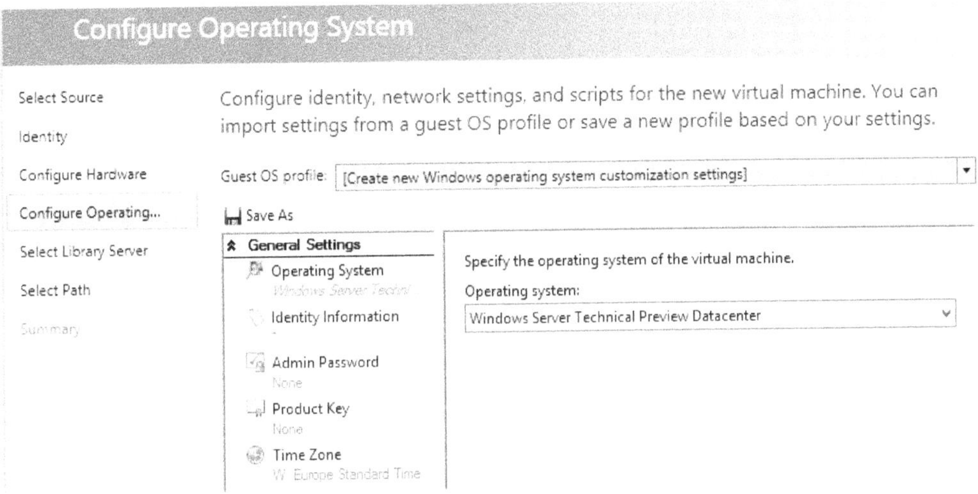

Configure Operating System

Select Source

Identity

Configure Hardware

Configure Operating...

Select Library Server

Select Path

Summary

Configure identity, network settings, and scripts for the new virtual machine. You can import settings from a guest OS profile or save a new profile based on your settings.

Guest OS profile: [Create new Windows operating system customization settings] ▼

⊟ Save As

⋩ **General Settings**

🔅 Operating System
  Windows Server Techni

🔅 Identity Information

🔅 Admin Password
  None

🔅 Product Key
  None

🔅 Time Zone
  W. Europe Standard Time

Specify the operating system of the virtual machine.

Operating system:

Windows Server Technical Preview Datacenter ⌄

Abbildung 1.4: Bei den Vorlagen können Sie Windows Server Technical Previre in VMM vNext berücksichtigen

In SCVMM vNext können Sie logische Netzwerk, MAC-Adress-Pools, VM-Netzwerke und IP-Adresspools dazu verwenden um Netzwerkkonfigurationen für VMs zu erstellen.

Einstieg in System Center Virtual Machine Manager vNext

System Center Virtual Machine Manager vNext installieren Sie am besten auf Servern mit Windows Server vNext, oder Windows 10 Server. In den folgenden Abschnitten zeigen wir Ihnen welche Vorbereitungen Sie treffen müssen, wie die Installation funktioniert, welche Fehler auftreten, und wie Sie diese beheben können. Wir zeigen Ihnen auch, welche Neuerungen es gibt, und wie Sie diese verwalten.

In den nächsten Abschnitten zeige ich Ihnen die Installation der Produkte auf Basis einer Testumgebung. Sie können alle Server in diesem Bereich virtualisieren, wenn Sie sich mit SCVMM vNext auseinandersetzen wollen, außer die Hyper-V-Hosts selbst. Grundsätzlich reicht für den Betrieb einer Testumgebung mit SCVMM vNext ein einzelner Computer aus, der kompatibel mit Hyper-V ist. Dazu installieren Sie auf dem Server Windows Server vNext, zum Beispiel auch auf Basis einer Testversion (*http://technet.microsoft.com/de-de/evalcenter/dn205286.aspx*). Auf dem Server aktivieren Sie Hyper-V und erstellen für SCVMM zwei virtuelle Server mit von Ihnen gewünschten Konfigurationen.

Auf dem einen Server installieren Sie später SCVMM, der zweite Server dient als Datenbankserver mit SQL Server 2014. Sie können Datenbanken für SCVMM vNext nicht auf Servern mit SQL Server 2012 ablegen. Grundsätzlich können Sie auf diesem Server auch den

Domänencontroller für die Domäne installieren, allerdings sollten Sie hier besser auf einen zweiten Computer setzen, oder einer VM auf einem Rechner mit Windows Server vNext oder in Hyper-V mit Windows 8.1. Sie können SCVMM vNext aber auch problemlos in Domänen mit Windows Server 2012 R2 integrieren. Hier müssen Sie nicht unbedingt auf Windows Server vNext aka Windows 10 Server setzen.

Achten Sie bei der Erstellung der virtuellen Server, oder der Verwendung von physischen Testcomputern, aber vor allem auf die Mindestvoraussetzungen des Arbeitsspeichers. Sie können SCVMM vNext nur auf Computern mit 4 GB Arbeitsspeicher installieren. Ansonsten bricht die Installation mit einem Fehler ab.

SCVMM vNext - Installation vorbereiten

Bevor Sie SCVMM installieren können, müssen Sie auf dem Server das Betriebssystem vorbereiten und einige Voraussetzungen schaffen. Erst dann lässt sich der Server optimal installieren und mit Hyper-V verbinden. Im folgenden Abschnitt zeigen wir Ihnen die notwendigen Vorbereitungen für den Betrieb von SCVMM mit Windows Server vNext und Hyper-V in der aktuellsten Version. Für die Installation von SCVMM vNext benötigen Sie folgende Software. Diese steht kostenlos bei Microsoft zur Verfügung:

- Windows 8.1 ADK - *http://www.microsoft.com/de-de/download/details.aspx?id=39982*

- Windows Server vNext Testversion - *http://www.microsoft.com/en-us/evalcenter/evaluate-windows-server-vnext-technical-preview*

- SQL Server 2014 Testversion - *http://technet.microsoft.com/de-de/evalcenter/dn205290.aspx*

- System Center Virtual Machine Manager vNext Testversion - *http://www.microsoft.com/en-us/evalcenter/evaluate-system-center-vnext-technical-preview*

Betriebssystem für SCVMM vNext vorbereiten

Zunächst installieren Sie als Betriebssystems Windows Server vNext und nehmen den Server in die Domäne auf, in deren Gesamtstruktur sich später auch SCVMM eingliedern soll. Auf dem Server installieren Sie zunächst alle aktuellen Patches aus Windows Update, das gilt auch bei der Verwendung der Technical Preview.

Dazu rufen Sie *wuapp* auf der Startseite auf und lassen die Patches installieren. Den Vorgang müssen Sie einige Male wiederholen und zwischen drin auch den Server neu starten lassen. Erst wenn die Suche neuer Updates keinerlei Suchergebnisse mehr findet, können Sie sicher sein, dass der Server aktuell installiert ist.

Bevor Sie auf dem Server SCVMM vNext installieren können, müssen Sie einige Vorbereitungen treffen. Vor oder nach der Installation der notwenigen Patches auf dem Server, müssen Sie das Computerkonto in die Windows-Domäne aufnehmen. In einer Testumgebung müssen Sie dazu entweder zuvor einen Domänencontroller installieren, oder Sie verwenden einen bereits vorhandenen Domänencontroller. Die Aufnahme unterscheidet sich nicht von der Aufnahme anderer Server. Für die bessere Verwaltung sollten Sie auf dem Server auch die Remoteverwaltung aktivieren, also die Verbindungen mit dem Remotedesktop.

Dazu rufen Sie die Eigenschaften von *This PC* im Explorer auf und klicken auf *Remote settings*. Setzen Sie die Option *Allow remote connections to this computer*. Alle weiteren Aufgaben können Sie anschließend mit dem Remotedesktop durchführen.

Wenn Sie sich am Server anmelden, startet oft der Server-Manager von Windows Server vNext automatisch. Das können Sie zukünftig verhindern und auch den Willkommens-Bereich des Server-Managers ausblenden lassen. Dazu klicken Sie *View* und wählen *Hide Welcome Tile*. Außerdem können Sie über *Manage\Server Manager Properties*, dass der Server-Manager bei der Anmeldung an Windows nicht mehr automatisch gestartet wird.

Vorbereitungen für SCVMM vNext installieren

Achten Sie vor der Installation weiterer Software-Komponenten darauf, dass auf dem Server das Server-Feature für das .NET Framework 4.5 installiert ist. Zwar wird dieser Vorgang auch durch die Installation des Windows ADK übernommen, es können danach aber Probleme bei der Installation von SCVMM auftreten.

Wenn der Server Mitglied der Domäne ist und alle notwendigen Patches installiert sind, machen Sie sich an die Installation der Voraussetzungen für SCVMM. Im ersten Schritt laden Sie das Windows ADK für Windows 8.1 herunter (*http://www.microsoft.com/de-de/download/details.aspx?id=39982)* und starten die Installation. Wählen Sie die Optionen *Bereitstellungstools* oder *Deployment Tools* und *Windows-Vorinstallationsumgebung.* Es ist davon auszugehen, dass in der RTM von SCVMM vNext das ADK für Windows 10 verwendet werden muss.

Nachdem das ADK installiert ist, können Sie generell auf dem Server SCVMM vNext installieren. Sie brauchen aber zunächst einen funktionsfähigen Domänencontroller.

Datenbankserver für SCVMM vNext vorbereiten

Für den Betrieb von SCVMM vNext brauchen Sie auch einen Datenbankserver, und zwar auf Basis von SQL Server 2014. Auch hier können Sie mit Testversionen arbeiten.

Den Datenbankserver können Sie als Standardinstallation installieren, Sie benötigen nur die Datenbankinstanz, keinerlei Zusatztools oder weitere Serverfeatures.

Sie können in Testumgebungen die Datenbank auf dem gleichen Server wie SCVMM installieren, allerdings ist das in produktiven Umgebungen nicht zu empfehlen. Auch in Testumgebungen verwenden Sie am besten einen eigenen Server, da die Testmaschine ansonsten zu stark belastet wird.

Auf dem Server für SCVMM vNext müssen Sie auch noch die Verwaltungstools für SQL Server 2014 installieren. Dazu verwenden Sie die herkömmlichen Installationsdateien von SQL Server 2014 und wählen zur Installation lediglich die Verwaltungstools für den SQL-Server aus. Wählen Sie dazu aus *SQL-Server-Funktionsinstallation\Verwaltungstools-Vollständig* und *-Einfach.* Wenn es sich dabei um den gleichen Server handelt, sind die Verwaltungstools ohnehin schon installiert.

Bei diesem Vorgang werden auch der SQL Server Native-Client und die Befehlszeilentools für SQL-Server installiert. Diese sind eine Voraussetzung für SCVMM vNext. Ohne diese Komponenten bricht die Installation von SCVMM vNext mit einem Fehler ab.

SCVMM vNext installieren

Im nächsten Abschnitt zeigen wir Ihnen, wie Sie SCVMM vNext auf einem Server installieren und Fehler bei der Installation beheben.

SCVMM vNext deinstallieren

In Testumgebungen kann es durchaus passieren, dass Sie SCVMM auch wieder deinstallieren müssen. Dazu rufen Sie auf dem Server *appwiz.cpl* auf und klicken mit der rechten Maustaste auf *Microsoft System Center Technical Preview Virtual Machine Manager*. Wählen Sie *Uninstall/Change*.

Uninstall or change a program

To uninstall a program, select it from the list and then click Uninstall, Change, or Repair.

Organize ▼   Uninstall/Change

Name ▲	Publisher
Microsoft SQL Server 2012 Data-Tier App Framework	Microsoft Corporation
Microsoft SQL Server 2012 Management Objects (x64)	Microsoft Corporation
Microsoft SQL Server 2012 Transact-SQL ScriptDom	Microsoft Corporation
Microsoft System Center Technical Preview Virtual M...	Microsoft Corporation
Microsoft System CLR	Uninstall/Change	Microsoft Corporation
Microsoft Visual C++ 2012 Redistributable (x64) - 11.0...	Microsoft Corporation
Microsoft Visual C++ 2012 Redistributable (x86) - 11.0...	Microsoft Corporation
Microsoft Web Deploy 3.5	Microsoft Corporation
Windows Assessment and Deployment Kit for Windo...	Microsoft Corporation

Abbildung 1.5: SCVMM vNext können Sie jederzeit von Windows Server vNext entfernen

Im Installationsassistenten wählen Sie dann die Option *Remove Features*.

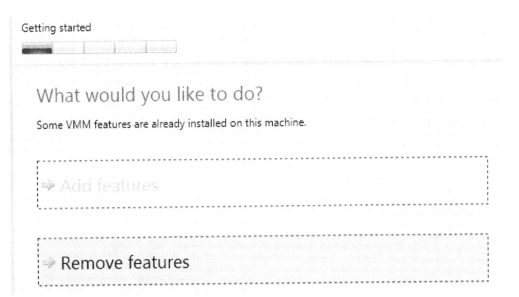

Abbildung 1.6: *Entfernen von SCVMM von einem Server*

Danach wählen Sie *VMM management Server* und *VMM console* zur Deinstallation aus.

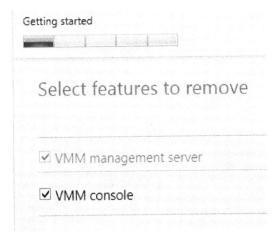

Abbildung 1.7: *Auswählen der zu entfernenden Features von SCVMM vNext*

Danach können Sie auswählen, ob Sie die SCVMM-Datenbank auf dem Datenbank-Server belassen wollen, oder diese ebenfalls entfernen wollen. Achten Sie beim Entfernen der Datenbank darauf auch die korrekten Anmeldedaten für die Deinstallation auszuwählen.

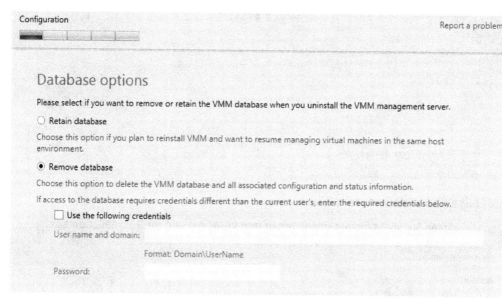

Abbildung 1.8: Entfernen der SCVMM-Datenbank von einem Server

Danach erhalten Sie eine Zusammenfassung und können SCVMM vom Server entfernen sowie die Datenbank vom Datenbank-Server löschen lassen.

Installation von SCVMM vNext starten

Haben Sie den Server mit Windows-Updates aktualisiert, und steht SQL Server 2014 zur Verfügung, starten Sie die Installation von SCVMM über den Assistenten.

System Center Technical Preview

Virtual Machine Manager

⇨

    ℹ Restart may be required

    ❷ Before you begin

      VMM Privacy Statement

Release Notes

Installation Guide

Browse the CD

System Center Online

VMM Configuration Analyzer

Optional Installations

⇨ Local Agent

    Installs agent on local machine.

Abbildung 1.9: *Starten des Installations-Assistenten von SCVMM vNext*

Zunächst wählen Sie die Installation des Verwaltungsservers aus. Auf Verwaltungs-Servern wird immer auch die Verwaltungskonsole installiert.

Getting started   Report a problem

Select features to install

☑ VMM management server

    Installs the Virtual Machine Manager service, which processes commands and controls communications with the VMM database, library servers, and virtual machine hosts.
    This feature requires a SQL Server database and Windows Assessment and Deployment Kit (ADK) for Windows 8.1. (View all installation requirements)

☑ VMM console

    Installs a program that allows you to connect to a VMM management server to centrally view and manage resources, such as hosts, virtual machines, private clouds, and services. (View all installation requirements)

Abbildung 1.10: *Auswählen der Installationsoptionen von SCVMM vNext*

Im nächsten Fenster geben Sie den Namen und Produktschlüssel ein, wenn Sie nicht mit der Testversion von SCVMM vNext arbeiten. Danach bestätigen Sie die Lizenzbedingungen und wählen aus, ob Sie am Programm zur Produktverbesserung teilnehmen wollen. Danach legen Sie das Installationsverzeichnis fest.

Als Nächstes wählen Sie aus, ob SCVMM vNext über die Windows-Update-Komponente von Windows mit Updates versorgt werden soll. Wenn die Voraussetzungen erfüllt sind, geben Sie in einem neuen Fenster die Anmeldedaten zum SQL-Server an. Hier wählen Sie den Namen des Servers, den Port und geben die Anmeldeinformationen zum Datenbankserver an.

Verwenden Sie mehrere Instanzen, können Sie auch diese im Fenster auswählen. Außerdem können Sie den Server mit einer bereits vorhandenen SCVMM-Datenbank verbinden oder eine neue Datenbank erstellen. Normalerweise reicht es aus, wenn Sie nur den Namen eingeben. Die anderen Daten kann der Assistent direkt vom Datenbankserver auslesen.

In einem weiteren Fenster legen Sie das Dienstkonto für den Server fest. Hier arbeiten Sie entweder mit einem verwalteten Dienstkonto oder legen manuell ein Konto in der Domäne für den Server an. Achten Sie aber darauf, dass das Konto auch zu den lokalen Administratoren hinzugefügt wird. Verwenden Sie an dieser Stelle immer ein Domänenkonto. Ansonsten haben Sie später das Problem, dass Sie die Freigabe für virtuelle Computer nicht effizient im Netzwerk zur Verfügung stellen können.

Das Konto für den SCVMM-Dienst können Sie nach der Installation nicht mehr ändern, zumindest nicht einfach. Planen Sie daher genau, wie Sie vorgehen. Microsoft empfiehlt für die Änderung des Dienstkontos die komplette Neuinstallation von SCVMM vNext auf einem Server. Die bereits vorhandene Datenbank können Sie bei der Neuinstallation allerdings übernehmen.

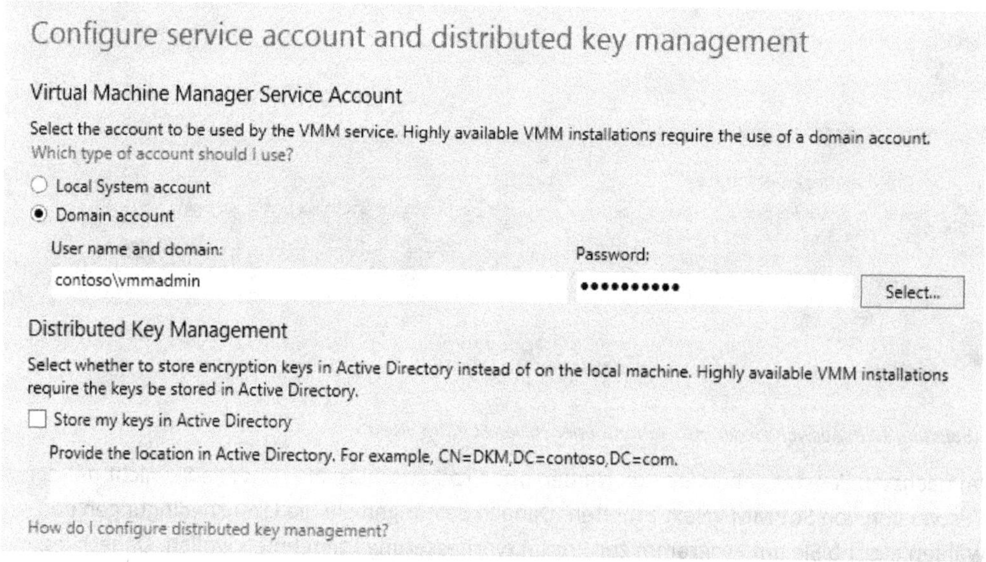

Configure service account and distributed key management

Virtual Machine Manager Service Account

Select the account to be used by the VMM service. Highly available VMM installations require the use of a domain account.
Which type of account should I use?

○ Local System account
◉ Domain account

User name and domain:

contoso\vmmadmin

Password:

•••••••••

Select...

Distributed Key Management

Select whether to store encryption keys in Active Directory instead of on the local machine. Highly available VMM installations require the keys be stored in Active Directory.

☐ Store my keys in Active Directory

Provide the location in Active Directory. For example, CN=DKM,DC=contoso,DC=com.

How do I configure distributed key management?

Abbildung 1.11: Während der Installation wählen Sie auch das Dienstkonto an

Sie haben auf diesem Fenster auch die Möglichkeit mit einem verteilten Schlüssel zu arbeiten, wenn Sie mit SCVMM in einer hochverfügbaren Umgebung arbeiten wollen. Nachdem Sie diese Einstellungen vorgenommen haben, legen Sie die Ports für SCVMM fest. Hier können Sie die Standardports belassen.

Port configuration

Management Server

Please select the ports for various VMM features.

8100	Communication with the VMM console
5985	Communication to agents on hosts and library servers
443	File transfers to agents on hosts and library servers
8102	Communication with Windows Deployment Services
8101	Communication with Windows Preinstallation Environment (Windows PE) agents
8103	Communication with Windows PE agent for time synchronization

Abbildung 1.12: Während der Installation wählen Sie auch die Ports für die Netzwerkverbindung von SCVMM fest

Achten Sie aber darauf, dass Sie unter Umständen einzelne Ports auf dem Server in den Firewall-Einstellungen freischalten müssen. Das ist bei Standardinstallationen aber nicht notwendig. Die anderen Fenster der SCVMM-Installation belassen Sie auf den Standardeinstellungen. In diesen legen Sie zum Beispiel noch die lokalen Verzeichnisse für die Bibliothek des Servers fest. In dieser werden die Vorlagen für neue virtuelle Server gespeichert.

Fehlerbehebung während der Installation

Nachdem die Installation abgeschlossen ist, können Sie sich an die Verwaltung des Servers machen. Wenn Sie Fehler bei der Installation erhalten, überprüfen Sie die Dateien im Verzeichnis *C:\ProgramData\VMMLogs\SetupWizard*. Hier finden Sie eine genaue Beschreibung des oder der Fehler und können auf Basis dieser Informationen nach Fehlerbehebungen im Internet suchen.

Hyper-V-Hosts an SCVMM anbinden

Nachdem Sie SCVMM installiert haben, ist die Umgebung zwar einsatzbereit, bietet aber noch keine Funktionen. Sie müssen erst Hyper-V-Hosts in SCVMM integrieren, damit Sie mit der Lösung VMs verwalten und auf den angebundenen Hosts erstellen und anbinden können. In den nächsten Abschnitten zeigen wir Ihnen, wie Sie dabei vorgehen. Generell lassen sich nur Hyper-V-Server auf Basis von Windows Server vNext optimal mit SCVMM vNext anbinden.

Im SCVMM vNext finden Sie in der Verwaltungskonsole im unteren Bereich die Option *Fabric*. Hier steuern Sie im Grunde genommen die Hardware und Netzwerke, die an SCVMM vNext angebunden sind. Die Fabric unterteilt sich wiederum in Server, Netzwerke und Speicher. Wichtig für die Verwaltung von SCVMM vNext, ist also nicht nur die zentrale Verwaltung der Hyper-V-Hosts und anderer Virtualisierungslösungen, sondern auch die zentrale Verwaltung des Speichers, auf dem Sie die Daten der VMs speichern. Das können SANs sein, Dateiserver (am besten mit Windows Server vNext), aber auch Dateiservercluster, die Sie direkt in SCVMM vNext verwalten.

Diese Verwaltung können Sie jederzeit an SCVMM vNext anbinden und konfigurieren. Um SCVMM vNext in Betrieb zu nehmen, ist es daher zunächst nicht notwendig, dass Sie SANs oder Dateiserver integrieren. Dauerhaft ist die Anbindung aber wesentlich produktiver, da Sie auf diesem Weg mit einem zentralen Werkzeug arbeiten können.

Wenn Sie zum Beispiel einen iSCSI-Speicher zu SCVMM hinzufügen, können Sie direkt in der Verwaltungskonsole des SCVMM neue logische LUNs erstellen. Erstellen Sie einen neuen Dateiservercluster in SCVMM vNext oder binden Sie einen Server an, können Sie direkt in der Konsole des SCVMM neue Freigaben auf dem Dateiserver erstellen. Diese Freigaben nutzen Sie dann wiederum für virtuelle Server oder die Bibliothek in SCVMM. Die Freigaben stehen dann wiederum in den Hyper-V-Hosts in den Eigenschaften zur Datenspeicherung von VMs zur Verfügung.

Erstellte Freigaben erscheinen in SCVMM vNext, wenn Sie einem Hyper-V-Host einen neuen Speicher hinzufügen wollen. Die Reihenfolge ist also: Dateiserver in SCVMM anbinden, Freigaben erstellen, Freigaben an die gewünschten Hyper-V-Hosts in den Hostgruppen anbinden. Das alles geht bequem über Assistenten in SCVMM vNext. Sobald Sie einen Dateiserver im Unternehmen an SCVMM vNext anbinden, erscheinen die bereits vorhandenen Freigaben auf dem Server. Neue Freigaben erstellen Sie einfach über das Kontextmenü von *File Servers* im Bereich *Storage* der *Fabric*.

Haben Sie die Freigabe erstellt, rufen Sie die Eigenschaften des Hyper-V-Hosts auf, dem Sie die Freigabe hinzufügen wollen, klicken auf *Storage* und dann auf *Add*. Jetzt können Sie die erstellte Freigabe direkt zuordnen. In den nächsten Abschnitten gehen wir näher auf diese Möglichkeiten ein.

Hyper-V-Hosts mit der VMM-Verwaltungskonsole anbinden

Starten die Verwaltungskonsole von VMM und melden Sie sich an den SCVMM-Server an. Klicken Sie danach auf *Fabric* um die Verwaltung der Serverstruktur zu öffnen. Im Fenster sehen Sie den SCVMM-Server und können über den Bereich *Servers* links oben die Hyper-V-Hosts anbinden.

Dazu erstellen Sie über das Kontextmenü von *All Hosts* zunächst eine neue Hostgruppe und geben dieser einen entsprechenden Namen. Über diesen Weg können Sie in SCVMM verschiedene Hyper-V-Hosts, aber auch Server mit VMware vSphere in verschiedenen Gruppen integrieren. Sie müssen natürlich keine Hostgruppen anlegen und können die Server auch direkt im Stamm der SCVMM-Infrastruktur anlegen. Sauberer ist aber das Anlegen in einer Gruppe. Danach können Sie über das Kontextmenü der Hostgruppe den Assistenten zum Hinzufügen von Hosts starten. Auf diesem Weg können Sie in erweiterten Testumgebungen zum Beispiel auch Cluster testen und die Umgebung an Azure anbinden.

Sobald Sie Hosts angebunden haben, können Sie diese jederzeit zwischen verschiedenen Hostgruppen verschieben.

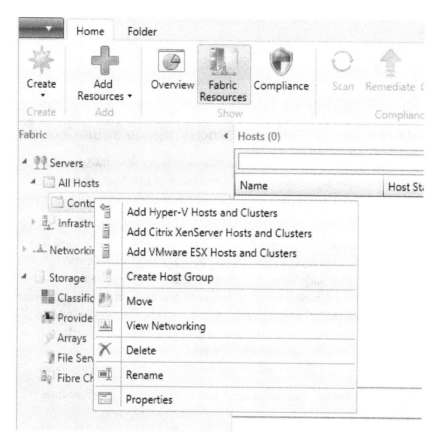

Abbildung 1.13: *Über das Kontextmenü von Hostgruppen starten Sie den Assistenten zum Hinzufügen von Hosts*

Sobald der Assistent gestartet ist, können Sie auswählen, wo die Server, die Sie an den Host anbinden wollen, positioniert sind. Am besten verwenden Sie hier die Option *Windows-Server computers in a trusted Active Directory domain*. Über diesen Weg können Sie alle Hyper-V-Hosts in der Gesamtstruktur an SCVMM anbinden.

Resource Location

Resource Location	Indicate the Windows computers location
Credentials	● Windows Server computers in a trusted Active Directory domain
Discovery Scope	○ Windows Server computers in an untrusted Active Directory domain
Target resources	○ Windows Server computers in a perimeter network
Host Settings	If you select this option, before you continue, use VMM Setup to install the VMM agent locally on the targeted computers. Ensure that you configure the perimeter network settings during the agent setup.
Summary	○ Physical computers to be provisioned as virtual machine hosts
	Select this option to add bare-metal computers with baseboard management controllers.
	Any storage accessible by the computer might be partitioned during the provisioning process and the data will be lost. Review the online documentation before starting the deployment.

Abbildung 1.14: Über einen Assistenten nehmen Sie die Hyper-V-Hosts im Netzwerk in die SCVMM-Infrastruktur auf

Auf der nächsten Seite legen Sie das Konto in der Domäne fest, welches das Recht hat Server zu verwalten und Agenten auf den Servern zu installieren. Mit den Agenten werden die Hyper-V-Hosts mit SCVMM verbunden. Achten Sie aber darauf, dass Sie bei der Anbindung von Hyper-V-Hosts nicht das Dienstkonto von SCVMM verwenden können. Sie müssen hier ein eigenes Konto verwenden, welches Domänen-Admin-Rechte hat und damit auch lokale Admin-Rechte auf den Hyper-V-Hosts.

Auf dem nächsten Fenster geben Sie die Namen der Hyper-V-Hosts an, oder Sie verwenden eine eigene Abfrage, über die Sie steuern können, welche Server an SCVMM angebunden werden. In Testumgebungen und kleinen Netzwerken, geht es am schnellsten, wenn Sie im Fenster jeden Hyper-V-Host in eine eigene Zeile schreiben und danach die Server zur Anbindung überprüfen lassen.

Sobald SCVMM eine Verbindung mit den Servern aufbauen kann, erscheinen deren Computerkonten im nächsten Fenster und Sie können die Hyper-V-Hosts markieren, die Sie tatsächlich anbinden wollen. Auf dem nächsten Fenster nehmen Sie die Hosteinstellungen vor.

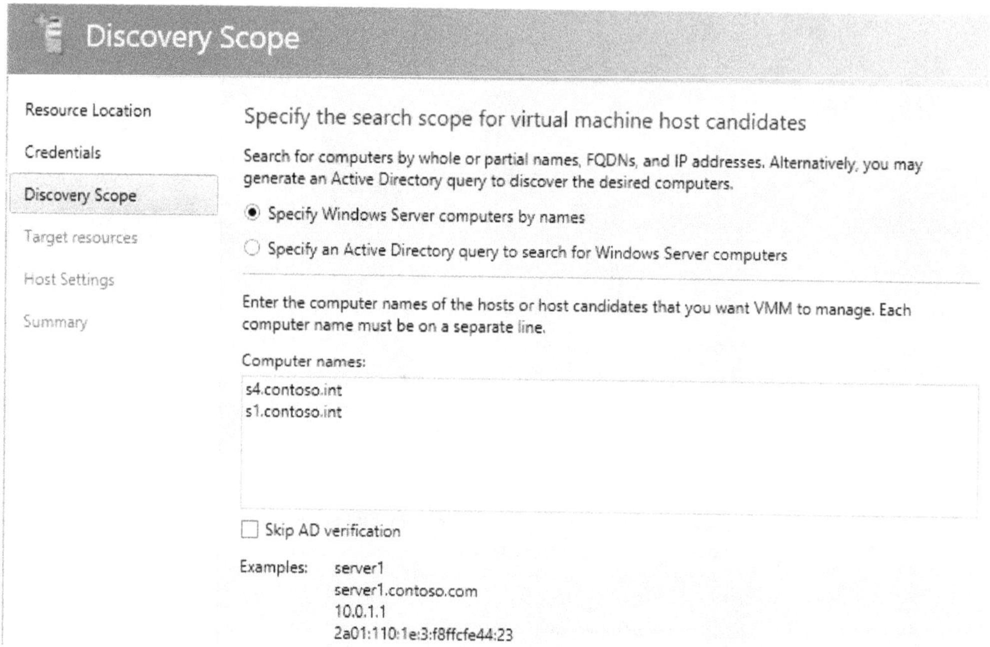

Resource Location

Credentials

Discovery Scope

Target resources

Host Settings

Summary

Specify the search scope for virtual machine host candidates

Search for computers by whole or partial names, FQDNs, and IP addresses. Alternatively, you may generate an Active Directory query to discover the desired computers.

◉ Specify Windows Server computers by names

○ Specify an Active Directory query to search for Windows Server computers

Enter the computer names of the hosts or host candidates that you want VMM to manage. Each computer name must be on a separate line.

Computer names:

s4.contoso.int
s1.contoso.int

☐ Skip AD verification

Examples: server1
server1.contoso.com
10.0.1.1
2a01:110:1e:3:f8ffcfe44:23

Abbildung 1.15: *Für die Anbindung an SCVMM müssen Sie die Anmeldenamen für einen Benutzer auf den Servern angeben*

Auf der nächsten Seite des Assistenten wählen Sie die Hostgruppe aus, in der Sie die neuen Server aufnehmen wollen, sowie auf Wunsch den Pfad für das Speichern von virtuellen Servern. Sie können diese Einstellungen jederzeit nachträglich anpassen und Hosts natürlich zwischen Hostgruppen verschieben. Danach erhalten Sie eine Zusammenfassung Ihrer Einstellungen und können die Server an SCVMM anbinden. Sie können im Fenster auch das PowerShell-Skript anzeigen, mit dem die Server angebunden werden können.

Bei diesem Vorgang werden auf den Hosts über das Netzwerk die notwendigen Anwendungen für die Anbindung an SCVMM installiert und gestartet. Sie sehen den Status im Assistenten. Erhalten Sie Fehler, klicken Sie diesen im Assistenten an. Im Fenster sehen Sie den genauen Fehler und Hinweise, wie Sie den Fehler oder die Warnung beseitigen können.

Oft erhalten Sie den Fehler, dass auf den Clients Multipfad E/A-fehlt. Das ist vor allem bei Clustern wichtig. Um diese Warnung zu vermeiden, installieren Sie auf den Hyper-V-Hosts über den Server-Manager das Feature *Multipfad E/A*. Danach erscheint kein Fehler dieser Art mehr bei der Anbindung von Servern an SCVMM.

Wenn Sie den Fehler behoben haben, können Sie über das Kontextmenü im Assistenten die Anbindung erneut durchführen. Diesen Vorgang können Sie so lange wiederholen, bis der Server fehlerfrei angebunden wurde.

Name	Status		Start Time
Add virtual machine host	▮▮▮▮▮▮▮▮▮▮▮	50 %	20.10.2014 15:08:34
Add virtual machine host		0 %	20.10.2014 15:08:11
Add virtual machine host	▮▮▮▮▮▮▮▮▮▮▮▮▮▮▮▮▮▮	80 %	20.10.2014 15:07:55
Add virtual machine host	Failed		20.10.2014 15:06:03
Add virtual machine host	Failed		20.10.2014 15:06:00
Change properties of virtual machine ho...	Completed		20.10.2014 15:02:00
Create virtual machine host group	Completed		20.10.2014 15:00:41

Abbildung 1.16: SCVMM bindet Hyper-V-Hosts über einen Assistenten an

Wenn die Hosts korrekt angebunden sind, sehen Sie diese in der SCVMM-Verwaltungskonsole, wenn Sie auf die Hostgruppe klicken. Hier sehen Sie auch den Status des Hosts, sowie weitere Daten wie den Zustand von Aufträgen, den CPU-Verbrauch, den freien Speicher und mehr.

Klicken Sie in der Verwaltungskonsole auf *VMs and Services*, zeigt die Konsole alle VMs auf den angebundenen Hosts aller Hostgruppen. an. Werden diese Informationen angezeigt, können Sie schon recht sicher sein, dass die Anbindung funktioniert hat.

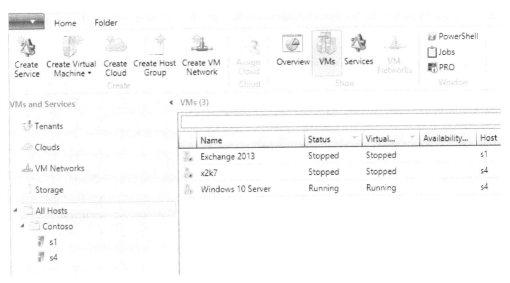

Abbildung 1.17: In der SCVMM-Verwaltungskonsole sehen Sie den Zustand aller angebundenen VMs auf den Hyper-V-Hosts

Wenn Sie mehrere Hostgruppen angelegt haben, zum Beispiel um die Wiederherstellung in Windows Azure zu testen, können Sie über das Kontextmenü der Hosts eine Verschiebung zu anderen Hostgruppen durchführen.

Speicher an SCVMM anbinden

Neben der Möglichkeit VMs auf lokalen Datenträgern der Hyper-V-Hosts zu speichern, können Sie die VMs auch im Netzwerk auf NAS-Systemen, SANs oder anderen Freigaben speichern. In diesem Fall können Sie zum Beispiel die Speichererweiterungen von Windows Server vNext nutzen, da die neue Version optimal mit Hyper-V zusammenarbeitet. Mehr dazu finden Sie in meinem Handbuch zu Windows Server vNext bei Microsoft Press.

Den Speicher im Netzwerk binden Sie zentral an SCVMM an. Das hat den Vorteil, dass Sie später beim Erstellen von VMs den Speicher einfach auswählen und nicht mehr konfigurieren müssen. Außerdem können Sie den Speicher in einer Cloud integrieren und so zusammen mit verschiedenen Hyper-V-Hosts nutzen, ohne jedes Mal auswählen zu müssen, wo die VMs gespeichert sind. SCVMM kann nach der Anbindung auf Wunsch selbst entscheiden, wo die VMs gespeichert und über welche Hyper-V-Hosts sie zur Verfügung gestellt werden.

Den Speicher in der SCVMM-Infrastruktur verwalten Sie über *VMs and Services\Storage* in der SCVMM-Konsole. Die ausführliche Steuerung des Speichers nehmen Sie über *Fabric\Storage* vor. Um neuen Speicher anzubinden, klicken Sie bei *Fabric\Storage* mit der rechten Maustaste auf die Art des Speichers den Sie hinzufügen wollen und starten den Assistenten zur Anbindung.

Auf diesem Weg binden Sie auch Dateiserver auf Basis von Windows Server vNext an. Im Assistenten geben Sie dazu den Namen des Servers an, sowie ein Benutzerkonto mit dem SCVMM auf den Server und dessen Freigaben zugreifen darf. Danach wird eine Verbindung zum Server hergestellt und Sie sehen wichtige Informationen zum Gerät. Außerdem können Sie jetzt aus den Freigaben auf dem Server die Speicherorte für VMs auswählen, die in SCVMM zur Verfügung stehen sollen.

Auf Basis der Freigabe können Sie auch Klassifizierungen hinterlegen, die wiederum in den Assistenten zur Verfügung stehen. Sobald Dateiserver und deren Freigaben angebunden sind, können Sie VMs in SCVMM auf diesen Speichern nutzen. Über das Kontextmenü von *Fabric\Storage* können Sie auch direkt neue Freigaben auf den angebundenen Dateiservern mit Windows Server vNext erstellen. Im Assistenten können Sie auch den lokalen Pfad der Freigabe steuern.

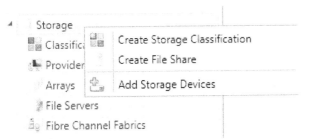

Abbildung 1.18: *Haben Sie Dateiserver mit Windows Server vNext angebunden, können Sie über das Kontextmenü von Storage direkt eine neue Freigabe erstellen*

Sie können Speicher auch direkt einer Cloud oder einem Hyper-V-Host zuordnen. In den Eigenschaften von Hyper-V-Hosts, im Bereich *Fabric,* können Sie im Bereich *Storage* über *Add* jeden Datenspeicher verwenden, den Sie in SCVMM angebunden haben.

Damit der Zugriff auf den Speicher funktioniert, müssen Sie in den Eigenschaften des Hyper-V-Hosts noch über *Host Access* ein Konto hinterlegen, mit dem der Server selbst mit dem Speicher kommunizieren darf.

Virtual Fibre Channels mit SCVMM vNext

SCVMM vNext kann auch mit Virtual Fibre Channels arbeiten. Sie finden diese Neuerungen im Bereich *Speicher* der Verwaltungskonsole von SCVMM, wenn Sie die *Fabric* aufrufen. Neu ist hier *Fibre Channel-Fabrics*. Über das Kontextmenü können Sie neue Speicheranbieter direkt in SCVMM anbinden und zur Speicherung von virtuellen Servern oder anderer Daten nutzen.

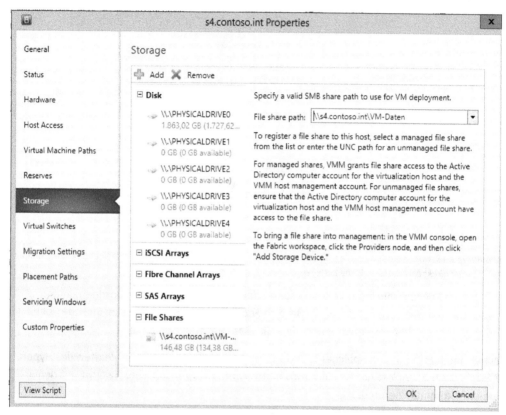

Abbildung 1.19: *Datenspeicher binden Sie in SCVMM wesentlich effizienter an, als in SCVMM vNext. Sie können zentral mehrerer Speicheranbieter an die Lösung anbinden*

Mit dieser Funktion unterstützt auch SCVMM die virtuellen Fibrechannels von Windows Server vNext. Diese lassen sich auch für einzelne virtuelle Server zur Verfügung stellen um diesen Speicher außerhalb von virtuellen Festplatten zu bieten.

Mit dem Feature *Virtual Fibre Channel* von virtuellen Servern, können Sie LUNs aus einem Fibre-Channel-SAN direkt den virtuellen Servern zuordnen. Ab SCVMM vNext können Sie diese Technologie direkt in der VMM-Verwaltungskonsole konfigurieren. In SCVMM 2012 SP1 mussten Sie noch auf den Hyper-V Manager des entsprechenden Hosts zurückgreifen um diese Technik für eine VM zu konfigurieren.

Haben Sie im Bereich *Fabric* ein FC-SAN bei *Fibre Channel Fabrics* hinzugefügt, können Sie im Bereich *Storage* in den Eigenschaften einer VM dieses Array hinzufügen. Danach können Sie neue LUNs auf dem SAN anlegen und anschließend der VM zuweisen. Achten Sie aber darauf, dass der VM als Hardware auch ein Virtual Fibre Channel Adapter zugewiesen sein muss.

Aufträge - Fehler finden und beheben

Klicken Sie in der VMM-Konsole auf *Jobs*, sehen Sie alle Aktionen, die in der SCVMM-Infrastruktur aktuell ausgeführt werden, auch die Anbindung von neuen Hosts. Zusätzlich finden Sie hier Fehler. Klicken Sie auf einen Fehler, erhalten Sie umfassende Informationen und Hinweise, wie Sie Fehler unter Umständen beheben können.

An dieser Stelle erhalten Sie auch Informationen zu Aufträgen, wenn zum Beispiel noch Anpassungen vorgenommen werden müssen. Dazu klicken Sie auf *Change tracking* im Bereich *Jobs*, wenn Sie beim Durchführen von Aktionen in SCVMM Hinweise erhalten. Die Aufträge sind die zentrale Stelle für die einfache Überwachung von SCVMM und den angebundenen Hosts. Wenn etwas in der Umgebung nicht funktioniert, sollten Sie sich diesen Bereich ansehen.

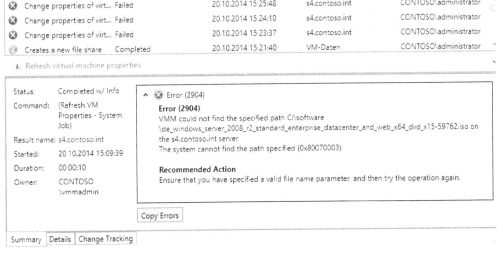

Abbildung 1.20: SCVMM zeigt zentral die aktiven Aufträge und Fehler an

Virtuelle Server in SCVMM erstellen

Wenn Sie Ihre Hyper-V-Hosts an SCVMM angebunden haben, können Sie virtuelle Server über die Konsole in SCVMM erstellen. Die Erstellung von neuen VMs läuft über einen Assistenten in der SCVMM-Verwaltungskonsole.

Im Bereich *VMs and Services,* auf der linken Seite, sehen Sie alle erstellten VMs auf allen Servern. Der Bereich *Fabric* zeigt wiederum die Netzwerke, Hyper-V-Hosts und übergeordneten Bereiche der SCVMM-Struktur an.

Um einen neuen virtuellen Server zu erstellen, klicken Sie im Bereich *Fabric* auf *Create* oder im Bereich *VMs and Services* auf *Create Virtual Machine.*

Unabhängig davon, wie Sie die Erstellung von VMs beginnen, startet der Assistent, mit dem Sie alle Einstellungen der VM festlegen. Dieser funktioniert generell ähnlich, wie der Assistent in Windows Server vNext oderf auch in Windows Server 2012 R2, bietet aber weitaus mehr Möglichkeiten an. Wir gehen nachfolgend genauer auf diese Möglichkeiten ein.

Auf der ersten Seite können Sie eine neue VM erstellen lassen. Alternativ verwenden Sie eine bereits vorhandene VM oder eine VM-Vorlage als Grundlage für die neue VM. Mit der Option *Create the new virtual machine with a blank virtual hard disk,* erstellen Sie einen neuen Server.

Danach legen Sie den Namen der VM fest, sowie die Generation der VM. In Windows Server vNext gibt es, neben der bekannten Generation 1 für VMs, auch die Generation 2. Diese stand auch bereits in SCVMM 2012 R2 zur Verfügung. Die mit Windows Server 2012 R2 eingeführte Generation 2 bietet deutliche Vorteile, da die virtuelle Hardware komplett virtualisiert und nicht emuliert wird. Dadurch können diese VMs zum Beispiel über virtuelle SCSI-Festplatten starten und UEFI zum Booten nutzen. Ein weiterer Vorteil von Generation 2-VMs ist die Möglichkeit auch über das Netzwerk booten zu können. Als Betriebssystem können Sie auf diesen Computern aber nur Windows Server 2012/2012 R2/vNext oder Windows 8/8.1/10 einsetzen. Die Generation können Sie nachträglich nicht mehr ändern.

Nachdem Sie diese Daten ausgewählt haben, legen Sie auf der nächsten Seite die Hardware der VM fest. Hier haben Sie umfassende Möglichkeiten zur Einstellung und können die Hardware auch für Hyper-V, VMware oder Citrix optimieren.

Sie haben hier auch die Möglichkeit Hardware-Profile zu erstellen und zu speichern. Wenn Sie später einen weiteren, neuen Server erstellen, können Sie dieses Profil als Vorlage der Hardware für den neuen Server verwenden.

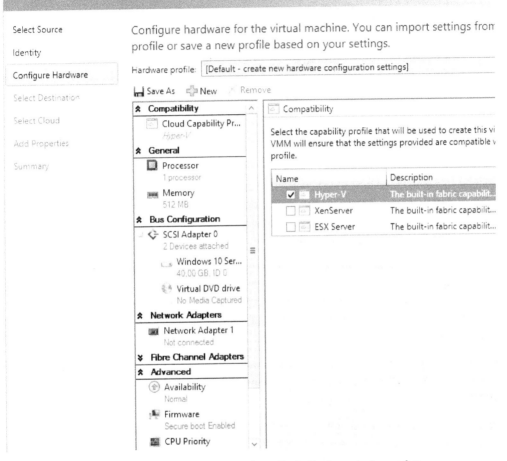

Abbildung 1.21: *Während der Erstellung einer neuen VM legen Sie die Hardware des Servers fest*

Nachdem Sie die Hardware konfiguriert haben, legen Sie auf der nächsten Seite fest, wo die VM erstellt werden soll. Sie können hier entweder eine Hostgruppe auswählen, eine private Cloud, die Sie zuvor erstellt haben müssen, oder eine Bibliothek. Beim Speichern in der Bibliothek wird die VM nicht aktiv genutzt, sondern kann später entweder einer Hostgruppe oder einer Cloud zugewiesen werden. Wie Sie Clouds erstellen, lesen Sie in meinem ebook zu SCVMM 2012 R2 bei Amazon oder dem Taschenbuch zu diesem Thema.

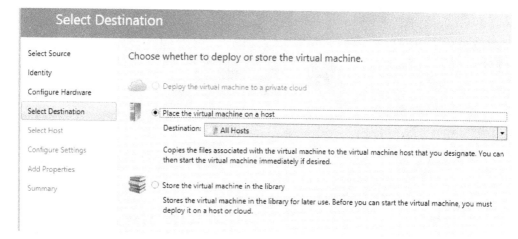

Abbildung 1.22: Speichern einer VM in einer Hostgruppe oder Cloud

Erstellen Sie eine Cloud in SCVMM, weisen Sie auch hier verschiedene Hyper-V-Hosts zu. SCVMM entscheidet auf Basis der zur Verfügung stehenden Ressourcen auf den Hyper-V-Hosts, auf welchem Host die VM zur Verfügung gestellt wird. Hier unterscheidet sich SCVMm vNext nicht von seiner Vorgängerversionen

Wählen Sie die Hostgruppe aus, können Sie auf der nächsten Seite den Host auswählen, auf dem der Server bereitgestellt werden soll. Hier steuern Sie auch die zu erwartende Auslastung der VMs. Anschließend erkennt SCVMM welcher Hyper-V-Host am besten geeignet für die VM ist, und Sie können festlegen auf welchem Server die VM positioniert werden soll.

Auf der nächsten Seite passen Sie weitere Einstellungen für die VM an. Sie legen zum Beispiel fest, wo die VM gespeichert werden soll, ob eine neue virtuelle Festplatte verbunden wird, und wie die Netzwerkverbindung durchgeführt werden soll.

Wenn Sie zusätzlichen Speicher in SCVMM integriert und zu Clouds oder Hostgruppen hinzugefügt haben, können Sie in den Einstellungen der VMs beim Erstellen festlegen, dass die Daten der VM in diesem Datenspeicher abgelegt werden sollen. Dazu muss der Speicher aber mit *Fabric/Storage* an SCVMM angebunden und danach mit einer Cloud/Hostgruppe verbunden werden.

Danach wählen Sie die Netzwerk-Switch aus, mit welcher der virtuelle Server mit dem Netzwerk verbunden werden soll. Hier können Sie auch VLANs festlegen und Ports klassifizieren.

Auf der nächsten Seite legen Sie weitere Einstellungen für die VMs fest. Sie können hier zum Beispiel steuern, wie sich die VM beim Starten oder Herunterfahren des Hosts verhalten soll. Außerdem können Sie hier festlegen, welches Betriebssystem auf der VM installiert wird.

Danach erhalten Sie noch eine Zusammenfassung der Aufgaben. Hier ist auch das PowerShell-Skript zu sehen, mit dem Sie VMs über die PowerShell erstellen können.

Schließen Sie die Aufgabe ab, wird die VM erstellt. Sie sehen den Status im Auftrag von SCVMM, der die Maschine erstellt, konfiguriert und startet. Danach ist die VM in der SCVMM-Konsole zu sehen. Sie können diese über das Kontextmenü verwalten, genauso wie im Hyper-V-Manager von Windows Server vNext. Es spielt keinerlei Rolle auf welchem Hyper-V-Host die VM positioniert ist, Sie verwalten alle VMs zentral an dieser Stelle. Klicken Sie auf eine VM, sehen Sie im unteren Bereiche ausführlichere Informationen über deren Konfiguration und der aktuellen Auslastung des Servers.

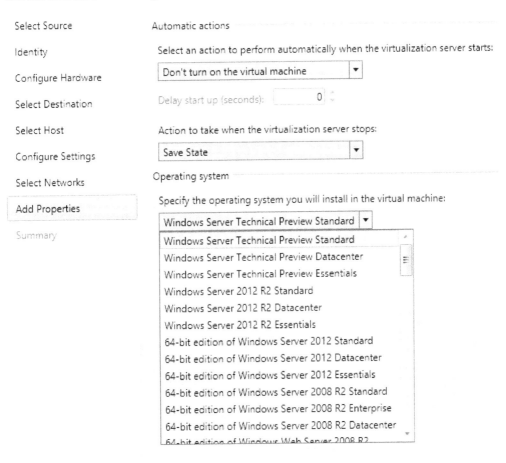

Abbildung 1.23: In den Einstellungen einer VM können Sie auch das Betriebssystem auswählen

Dateiserver-Cluster in SCVMM vNext erstellen

Eine wichtige Funktion in SCVMM vNext ist die Integration eines Assistenten, mit dem Sie einen Dateiserver auf Basis von virtuellen Servern zur Verfügung stellen können. Sie finden die Einstellungen im Bereich *Fabric*, wenn Sie auf *Create\File Server Cluster* klicken.

Im Assistenten haben Sie die Möglichkeit vorhandene Server im Netzwerk zum Cluster hinzuzufügen, oder Sie verwenden eine Bare-Metal-Erstellung. Bei dieser werden neue Server installiert und anschließend in den Cluster eingebunden.

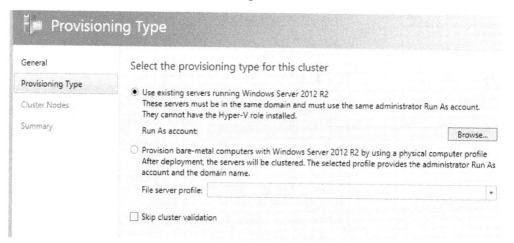

Abbildung 1.24: *Mit SCVMM vNext erstellen Sie auf Wunsch auch neue Dateiservercluster direkt in der Verwaltungskonsole*

Arbeiten Sie den Assistenten durch, erstellt SCVMM vNext anschließend den neuen Dateiservercluster. Microsoft hat diese Funktion in den SCVMM vNext integriert, da die Verwaltungslösung auch in der Verwaltung des Speichers einige Verbesserungen mitbekommen hat.

Impressum

Thomas Joos

Hof Erbach 1

74206 Bad Wimpfen

E-Mail: thomas.joos@live.de

Verantwortlich für den Inhalt (gem. § 55 Abs. 2 RStV):

Thomas Joos, Hof Erbach 1, 74206 Bad Wimpfen

Disclaimer – rechtliche Hinweise

§ 1 Haftungsbeschränkung

Die Inhalte diesem Buch werden mit größtmöglicher Sorgfalt erstellt. Der Anbieter übernimmt jedoch keine Gewähr für die Richtigkeit, Vollständigkeit und Aktualität der bereitgestellten Inhalte. Die Nutzung der Inhalte des Buches erfolgt auf eigene Gefahr des Nutzers. Namentlich gekennzeichnete Beiträge geben die Meinung des jeweiligen Autors und nicht immer die Meinung des Anbieters wieder. Mit der reinen Nutzung des Buches des Anbieters kommt keinerlei Vertragsverhältnis zwischen dem Nutzer und dem Anbieter zustande.

§ 2 Externe Links

Dieses Buch enthält Verknüpfungen zu Websites Dritter ("externe Links"). Dieses Buchs unterliegen der Haftung der jeweiligen Betreiber. Der Anbieter hat bei der erstmaligen Verknüpfung der externen Links die fremden Inhalte daraufhin überprüft, ob etwaige Rechtsverstöße bestehen. Zu dem Zeitpunkt waren keine Rechtsverstöße ersichtlich. Der Anbieter hat keinerlei Einfluss auf die aktuelle und zukünftige Gestaltung und auf die Inhalte der verknüpften Seiten. Das Setzen von externen Links bedeutet nicht, dass sich der Anbieter die hinter dem Verweis oder Link liegenden Inhalte zu Eigen macht. Eine ständige Kontrolle der externen Links ist für den Anbieter ohne konkrete Hinweise auf Rechtsverstöße nicht zumutbar. Bei Kenntnis von Rechtsverstößen werden jedoch derartige externe Links unverzüglich gelöscht.

§ 3 Urheber- und Leistungsschutzrechte

Die auf diesem Buch veröffentlichten Inhalte unterliegen dem deutschen Urheber- und Leistungsschutzrecht. Jede vom deutschen Urheber- und Leistungsschutzrecht nicht zugelassene Verwertung bedarf der vorherigen schriftlichen Zustimmung des Anbieters oder jeweiligen Rechteinhabers. Dies gilt insbesondere für Vervielfältigung, Bearbeitung, Übersetzung, Einspeicherung, Verarbeitung bzw. Wiedergabe von Inhalten in Datenbanken oder anderen elektronischen Medien und Systemen. Inhalte und Rechte Dritter sind dabei als solche gekennzeichnet. Die unerlaubte Vervielfältigung oder Weitergabe einzelner Inhalte oder kompletter Seiten ist nicht gestattet und strafbar. Lediglich die Herstellung von Kopien und Downloads für den persönlichen, privaten und nicht kommerziellen Gebrauch ist erlaubt.

Die Darstellung diesem Buch in fremden Frames ist nur mit schriftlicher Erlaubnis zulässig.

§ 4 Besondere Nutzungsbedingungen

Soweit besondere Bedingungen für einzelne Nutzungen diesem Buch von den vorgenannten Paragraphen abweichen, wird an entsprechender Stelle ausdrücklich darauf hingewiesen. In diesem Falle gelten im jeweiligen Einzelfall die besonderen Nutzungsbedingungen.

Quelle: Impressum erstellt mit Juraforum.